BEI GRIN MACHT SICH IHR WISSEN BEZAHLT

- Wir veröffentlichen Ihre Hausarbeit, Bachelor- und Masterarbeit

- Ihr eigenes eBook und Buch - weltweit in allen wichtigen Shops

- Verdienen Sie an jedem Verkauf

Jetzt bei www.GRIN.com hochladen und kostenlos publizieren

Christina Busch

Lawrence Kohlberg

Entwicklungsstufen moralischen Denkens und Handelns

GRIN Verlag

Bibliografische Information der Deutschen Nationalbibliothek:

Die Deutsche Bibliothek verzeichnet diese Publikation in der Deutschen National-
bibliografie; detaillierte bibliografische Daten sind im Internet über http://dnb.d-
nb.de/ abrufbar.

Impressum:

Copyright © 2008 GRIN Verlag GmbH
Druck und Bindung: Books on Demand GmbH, Norderstedt Germany
ISBN: 978-3-640-23591-9

Dieses Buch bei GRIN:

http://www.grin.com/de/e-book/120034/lawrence-kohlberg

GRIN - Your knowledge has value

Der GRIN Verlag publiziert seit 1998 wissenschaftliche Arbeiten von Studenten, Hochschullehrern und anderen Akademikern als eBook und gedrucktes Buch. Die Verlagswebsite www.grin.com ist die ideale Plattform zur Veröffentlichung von Hausarbeiten, Abschlussarbeiten, wissenschaftlichen Aufsätzen, Dissertationen und Fachbüchern.

Besuchen Sie uns im Internet:

http://www.grin.com/

http://www.facebook.com/grincom

http://www.twitter.com/grin_com

Universität Osnabrück
SS 2008
Fachbereich 03
Seminar: Pädagogische Ethik

<u>**Ausarbeitung zu dem Referat:**</u>

Lawrence Kohlberg
- Entwicklungsstufen moralischen Denkens und Handelns -

Christina Busch

Zwei- Fach- Bachelor
Erziehungswissenschaften/
Evangelische Theologie
FB03- Erzieh./ Kulturw.

Inhaltsverzeichnis

1. Einführung

Lawrence Kohlberg, US-amerikanischer Psychologe und Professor für Erziehungswissenschaften[1], war, so kann man zu Beginn einmal festhalten, neben Baldwin, Mead, McDougall, Hobhouse und Piaget ein wichtiger Vertreter einer entwicklungsbezogenen Herangehensweise an die Moralpsychologie und hat mit seiner Theorie moralischen Urteilens entschieden zu der Untersuchung der Moralentwicklung beigetragen.[2]

☆ Wer war Lawrence Kohlberg?
☆ Was hat er entwickelt bzw. was genau beinhaltet eigentlich seine Theorie?
☆ Und was hat es dabei mit den Dilemmata auf sich?

In meinen nun folgenden Ausführungen über die Entwicklungsstufen moralischen Denkens und Handelns werde ich unter anderem anhand dieser Fragestellungen die Theorie Kohlbergs, welche auf einem Stufenmodell moralischen Urteilens basiert, das jeder Mensch im Laufe seines Lebens durchlaufen muss, erläutern.

Da diese Arbeit auf einem von mir bereits gehaltenen Referat zu demselben Thema beruht, werde ich ähnlich dem Aufbau des Referates verfahren und mit seiner Biografie beginnen, damit man zuerst einmal einen Eindruck über das Leben und den Lebensweg Lawrence Kohlbergs bekommen kann.

Anschließend werde ich kurz unter dem Punkt `Einordnung in die Theorielandschaft´ seine eigenen Einflüsse und Wertvorstellungen erläutern, die seine Denkweise und mithin seine Theorie geprägt haben, bevor es dann darum gehen wird, seine Stufentheorie vorzustellen, d.h. sein Stufenmodell und dessen charakteristische Eigenschaften und Merkmale. Dabei wird unter anderem auch der Einfluss verschiedener anderer Faktoren eine Rolle spielen, die die moralische Entwicklung nach Kohlberg begünstigen.

Zum Abschluss werde ich dann noch auf die Bedeutung der Dilemmata Kohlbergs in Bezug auf seine Theorie eingehen und anhand einiger Beispiele verdeutlichen, wie man sich die Struktur des Modells von Kohlberg konkret vorzustellen hat. Dabei wird auch sein berühmtes Heinz-Dilemma maßgeblich sein, welches ich kurz erläutern werde.

Bevor ich nun im Einzelnen auf die genannten Aspekte eingehen werde, kann man schon einmal festhalten, dass Kohlberg mit seiner Theorie den Versuch unternommen hat, die moralische Entwicklung im Menschen darzustellen und zu begründen.

---

[1] Lawrence Kohlberg. http://de.wikipedia.org/wiki/Lawrence_Kohlberg. 16.04.2008.
[2] Vgl. Kohlberg (1995): S.21.

2. Biografie

Lawrence Kohlberg wurde am 25. Oktober 1927 in Bronxville, New York, als jüngstes von vier Kindern einer jüdischen, angesehenen Familie geboren.

Seine Kindheit war durch die Trennung seiner Eltern nach zehnjähriger Ehe – Mutter und Chemikerin Charlotte Albrecht und Vater Alfred Kohlberg, Führer eines erfolgreichen Seiden- und Taschentuchhandels –gekennzeichnet; zu dieser Zeit war Kohlberg erst fünf Jahre alt. Blieb auch vorerst das Sorgerecht bei beiden Elternteilen, sahen sich Kohlberg und seine Geschwister 1941 nach einer richterlichen Anordnung gezwungen, sich für ein Elternteil zu entscheiden und Kohlberg wuchs infolgedessen bei seinem Vater auf.

Seine Schulzeit verlebte Kohlberg in der Phillipps Academy in Andover, Massachusetts, einem der ältesten Internate der USA. Er war ein guter Schüler, der jedoch immer wieder durch Verstöße gegen die Schulordnung auffällig wurde. Des Weiteren wurde er als chaotisch, aber immer zugänglich, solidarisch und auch abenteuerlustig beschrieben. Nach seinem College-Abschluss 1945 verließ Kohlberg mit der amerikanischen Handelsmarine die USA und gelangte in das vom Zweiten Weltkrieg gezeichnete Europa. Diesen Wehrdiensteinsatz brach er schon nach wenigen Monaten ab und wurde stattdessen unbezahlter Ingenieur auf einem Frachtschiff, das jüdische Flüchtlinge aus Osteuropa nach Palästina schmuggelte. Nach der Einnahme und Enterung des Schiffes durch britische Einheiten gerieten Kohlberg und die übrige Mannschaft und Passagiere in Gefangenschaft; sie wurden auf Zypern interniert.

Mit gefälschten Papieren und einem Umweg über Palästina gelang ihm schließlich die Rückkehr in die USA, wo er 1948 nach diversen Praktika in psychiatrischen Kliniken ein Psychologiestudium an der angesehenen University of Chicago begann. Trotz seines frühzeitigen Erwerbs des Titels Bachelor of Arts – nach einem Jahr statt nach vier Jahren – erlangte er erst 1958 nach neunjähriger Studiendauer seine Promotion. In diese Zeit fiel auch die Ausarbeitung seiner Entwicklungstheorie über das moralische Urteilen (Beginn: 1955) und die Veröffentlichung seiner Dissertation „Die moralische Entwicklung des Menschen" 1958, mit der er die Theorie der kognitiven Entwicklung von Piaget erweiterte. Kohlberg wurde dabei von verschiedenen, renommierten Wissenschaftlern seiner Zeit geprägt, die er während seines Studiums kennen lernte, so Bruno Bettelheim, Carl Rogers, Robert Havighurst, Jacob Gewirtz und Anselm Strauss. Ebenso geprägt wurde er durch die Philosophie John Deweys, welcher von 1894 bis 1904 in Chicago gelehrt hatte und dessen Einfluss an der Universität immer noch spürbar war.

Nach seinem Studium folgten verschiedene Tätigkeiten Kohlbergs, die sein Leben kennzeichneten und insofern bereicherten. So war er 1958 im Children´s Hospital in Bosten angestellt, bis er 1959 eine Assistenzprofessur für Psychologie an der Yale University erhielt und sich anschließend von 1961 bis 1962 als Fellow am Institute for Advanced Study in the Behavioral Sciences in Palo Alto aufhielt. 1962 wurde er dann zunächst Assistenzprofessor und 1965 Associate Professor an der Psychologischen Fakultät der University of Chicago bis er schließlich 1968 eine ordentliche Professur für Erziehungswissenschaft und Sozialpsychologie an der Harvard University in Cambridge, Massachusetts erhielt, wo er dann auch blieb.

1969 kann als ein entscheidendes Jahr Kohlbergs angesehen werden; ihm gelang der wissenschaftliche Durchbruch mit der Veröffentlichung seines Werkes „Stage and Sequences", seiner in den 60er Jahren entwickelten kognitiven Entwicklungstheorie, woraufhin er auch das Zentrum für moralische Entwicklung und Erziehung an der Graduate School of Education der Harvard University gründete und bis zu seinem Tod leitete.

Zudem wurde er während seiner Lehrtätigkeit an der Harvard University immer bekannter, was man zum einen auf seine Verdienste, zum anderen auf die zeitgeschichtlichen Ereignisse, so z.B. auf die Bürgerrechtsbewegung, den Vietnam-Krieg oder auch auf den Watergate-Skandal zurückführen kann, da diese in enger Verbindung zu seinem Forschungsgebiet, der Moral standen.

Bei einem zehntägigen Forschungsaufenthalt in Punta Gordon (Belize) Ende 1971 bis Anfang 1972 infizierte Kohlberg sich mit der Viruserkrankung Giardia lambia, die erst im Mai 1973 diagnostiziert wurde. Zu diesem Zeitpunkt war die Krankheit schon zu weit fortgeschritten und eine Heilung nicht mehr möglich. Trotzdem versuchte Kohlberg sich dadurch nicht einschränken zu lassen und arbeitete zunächst unermüdlich weiter, bis er am 17. Januar 1987 resignierte und sich im Atlantik in der Nähe von Boston ertränkte. Seine Leiche wurde erst am 6. April gefunden, als sie vom Meer ans Land gespült wurde.

3. Stufentheorie

3.1 Einordnung in die Theorielandschaft

Um nun die Entwicklung und auch Hintergründe seiner Theorie verstehen zu können, sollte man vorab erwähnen, dass Lawrence Kohlberg nicht der Erste war, der sich mit der moralischen Entwicklung beschäftigt hatte.

Die Untersuchung der Moralentwicklung – als ein zentraler Problembereich der Sozialwissenschaften betrachtet – stellt ein weites Feld dar, in dem lange und eingehend geforscht wurde und dessen Befunde bis in die Antike – so z.b. zu Platon – zurückreichen, wobei dies nur am Rande erwähnt bleiben soll, da der Schwerpunkt dieser Arbeit auf der Entwicklungstheorie Kohlbergs liegen wird.

Es sei nur soviel gesagt, dass man „unter Moralentwicklung vornehmlich jene Aspekte der Sozialisation [verstanden hat], die am Prozeß der Internalisierung beteiligt sind, d.h. dazu führen, daß ein Individuum lernt, den Regeln auch in Situationen zu entsprechen, in denen es keine Überwachung und keine Sanktionen gibt – selbst wenn der Impuls geweckt wird, diese Regeln zu verletzen."[3] Moralische Entwicklung galt also als „zunehmende Internalisierung grundlegender kultureller Regeln"[4], wobei man dieser unterschiedliche Schwerpunkte zuwies; so legten einige Theoretiker und Forscher ihren Schwerpunkt auf die Verhaltensdimension, andere auf die Gefühlsdimension und wieder andere auf die Urteilsdimension moralischer Handlungen.[5] Letztere, die das Urteilen betreffende Seite der Moralentwicklung, stand im Mittelpunkt des Werkes von Piaget und der Forschungen Kohlbergs[6], wobei es hier anzumerken gilt, dass nach Kohlberg moralische Entwicklung über die erste Stufe hinaus keine Internalisierung darstellt, sondern Rekonstruktion einer Rollenübernahme, welche zusammen mit weiteren Faktoren maßgeblich für die Entwicklung moralischen Urteilens ist, worauf ich aber im Folgenden noch einmal eingehen werde.[7]

Es war John Dewey, der als Erster kognitive Entwicklung und moralische Erziehung miteinander verbunden hat, beruhend auf der Annahme, „dass moralische Erziehung, wie auch die Entwicklung geistiger Fähigkeiten ihre Grundlage in dem Bemühen hat, das aktive Denken des Kindes mit Hilfe moralischer Probleme und Entscheidungen anzuregen"[8], wobei diese Entwicklungen auf dem Durchlaufen einer Stufenabfolge basieren. Während Deweys Konzept auf reiner Theorie beruhte, war es Jean Piaget, der als Erster versuchte, auf Basis seiner vorherigen Untersuchungen der kognitiven Entwicklung die Stufen moralischen Urteilens bei Kindern empirisch durch Interviews und Beobachtungen zu bestimmen. Beide Theorien – die von Dewey und Piaget – nahm Lawrence Kohlberg dann ab 1955 zur Grundlage, um die Stufen der moralischen Entwicklung durch Panelstudien und interkulturelle Untersuchungen zu überprüfen und

---

[3] Kohlberg (1995): S.7.
[4] Kohlberg (1995): S.8.
[5] Ebd.
[6] Ebd.
[7] Vgl. Büttner (2000): S.56.
[8] Büttner (2000): S. 51.

neu zu definieren.[9] Dafür benutzte er Hypothetische Dilemmata – Geschichten, in denen sich mindestens zwei unvereinbare moralische Werte gegenüberstehen und jeder Lösungsweg gegen eine moralische Norm verstößt –, mit deren Hilfe er den Prozess moralischer Urteilsbildung untersuchen und durch die Einteilung der unterschiedlichen Begründungsformen in drei Niveaus mit je zwei Stufen eine feststehende Stufenstruktur, ein Sechs-Stufen-Modell, entwickeln konnte.

Es kann also festgehalten werden, dass Kohlbergs Theorie bzw. sein Modell der Entwicklung des moralischen Urteilens unweigerlich an die Erkenntnisse und Modelle von John Dewey und Jean Piaget anknüpfte.

Dem hinzufügend sollte man wissen, dass Kohlbergs Gedanke einer Moral keiner theologischen oder traditionsgeleiteten Werteorientierung entsprach, sondern einer deontologischen, d.h. einer nicht von einem ewigen Sein bestimmten Vorstellung in der Tradition Kants, in der moralisches Handeln als eine Sache von Vernunft und Übereinkunft angesehen wurde.[10] Kohlberg berief sich neben der Moralpsychologie, die empirisch beschreibt, was moralische Entwicklung ist, auf eine liberale und rationale Tradition der Moralphilosophie, welche zum einen das Ziel moralischer Entwicklung darlegte, d.h. wie diese idealerweise sein sollte und zudem den Anspruch vertrat, „dass eine angemessene Moral prinzipiell zu sein habe, d.h. nach den Gesichtspunkten universaler, allen Menschen gültiger Prinzipien urteilt"[11], und diese Prinzipien demnach, anders als Regeln, als „universale Hilfe für die moralische Entscheidungsfindung"[12] verstanden werden.

3.2 Stufenmodell

Um nun den theoretischen Hintergrund zur Entwicklung der Theorie Kohlbergs verstehen und auf sein Modell beziehen zu können, sollen im Folgenden die sechs Stufen der Moralentwicklung nach Kohlberg erläutert werden, die in einer Übersichtsdarstellung im Anhang zu finden sind. Wie bereits erwähnt teilt Kohlberg sein Modell in drei Niveaus oder Ebenen ein. Dabei unterscheidet er das prämoralische Niveau bzw. die präkonventionelle Ebene, die konventionelle Ebene bzw. die Moral der konventionellen Rollenkonformität und die postkonventionelle Ebene bzw. die Moral der selbst akzeptierten moralischen Prinzipien, die wiederum jeweils in zwei Stufen unterteilt werden.

---

[9] Vgl. Lind (1987): S. 25-26.
[10] Vgl. Büttner (2000): S.58.
[11] Ebd.
[12] Ebd.

Vor den sechs Stufen gibt es die **Stufe 0**, die vormoralische Stufe, in der das Kind keine Regeln versteht und Gut und Böse insofern nicht gemäß Regeln und Autoritäten unterscheidet, sondern nach den Leitsätzen `Was Spaß macht und spannend ist, ist gut´ und `Was mit Schmerz, Angst oder Strafe verbunden ist, ist böse´ lebt und handelt. Das Kind lässt sich in diesem Entwicklungsstadium ganz von Können und Wollen leiten und hat noch keine Vorstellung von Verpflichtung, Sollen oder Müssen.

Das **erste, prämoralische Niveau bzw. die präkonventionelle Ebene** ist nach Kohlberg das Entwicklungsstadium, in dem sich die meisten Kinder unter neun Jahren befinden. In dieser Phase wird der gesellschaftliche Aspekt von Normen noch nicht erfasst. Das Moralurteil wird von individuellen Motiven geleitet, so z.b. von dem Wunsch nach dem eigenen Vorteil und der Vermeidung von Strafe. Kulturelle Regeln und Merkmale werden dementsprechend kategorisch nach gut und böse aufgenommen, d.h. nach ihren physischen oder hedonistischen Konsequenzen – Strafe, Belohnung – oder gemäß der Macht derer, die jene Regeln festsetzen, beurteilt. Hierbei unterscheidet Kohlberg zwei Stufen: die erste, in der die Orientierung an Strafe und Gehorsam und insofern das Motiv der Vermeidung von Strafe unweigerlich im Vordergrund stehen und man sich der Macht und ihren Regeln unterordnet, ohne diese zu hinterfragen, und die sich daran anschließende zweite, instrumentell- relativistisch orientierte Stufe, in der das Motiv des eigenen Vorteils, d.h. der eigenen Bedürfnisbefriedigung (wobei dieselbe der anderen dabei nicht ausgeschlossen wird) vorherrscht und Gegenseitigkeit eine Sache des Gebens und Nehmens darstellt, gemäß dem Satz `Kraulst du mir den Rücken, so kraul ich dir den Rücken´. Menschliche Beziehungen werden hierbei als eine Art Marktplatz verstanden. Die erste Ebene wird somit nach Kohlberg durch die Begriffe `Belohnung´ und `Bestrafung´ beherrscht.[13]

Auf der **zweiten Ebene, dem Niveau der Moral konventioneller Rollenkonformität** werden dann gesellschaftliche (Moral-)Normen akzeptiert, jedoch ebenfalls nicht hinterfragt oder als begründungsbedürftig angesehen. In dieser Phase befinden sich nach Kohlberg die meisten Jugendlichen und Erwachsenen. Hierbei ist das Motiv der Konformität und Loyalität gegenüber der sozialen Ordnung und den Erwartungen einzelner Personen vorherrschend; man ist bemüht, sich an die festgesetzten Regeln und Gesetze zu halten und insofern den Erwartungen der Gesellschaft zu entsprechen. Unmittelbare Konsequenzen verlieren dabei an Wert. Diese zweite Ebene lässt sich, wie die erste,

---

[13] Vgl. vor allem Büttner (2000): S. 51-52. und Kohlberg (1995): S.26ff., sowie Lind (1987): S.26.

auch in zwei Stufen – Stufe drei und vier - unterteilen. Die dritte Stufe ist dabei von der Orientierung an personengebundener Zustimmung, d.h. von einer Moral des guten Kindes, das gute Beziehungen aufrechterhält und die Anerkennung der anderen sucht gekennzeichnet – auch `Guter Junge-nettes Mädchen´ -Modell genannt. Gutes Verhalten und Anerkennung bzw. Wertschätzung durch andere stehen hier unmittelbar im Vordergrund. Auf der vierten Stufe kommt dann noch das Motiv der Achtung und Aufrechterhaltung gesellschaftlicher Gesetze und Ordnungen hinzu. Die Orientierung an Recht und Ordnung korreliert mit einer Moral, die durch Pflichtbewusstsein, Respekt vor Autoritäten und dem Wunsch, die gegebene Sozialordnung um ihrer selbst willen aufrechtzuerhalten bestimmt ist. So kann z.B. das eigene Schuldgefühl vermieden werden.[14]

Daran schließt sich dann gegebenenfalls das **dritte Niveau, die postkonventionelle, autonome oder prinzipiengeleitete Ebene** – oder auch Moral der selbst akzeptierten moralischen Prinzipien genannt – an, die nach Kohlberg jedoch nur von einigen Erwachsenen über zwanzig Jahren erreicht wird. Hier werden erstmals gesellschaftliche Normen als begründungsbedürftig angesehen. Das Bemühen, moralische Werte und Prinzipien zu definieren und das Berufen auf höhere Normen, z.B. `das Verhalten war nicht richtig, aber gerechtfertigt´ stehen im Vordergrund. Prinzipien sollen unabhängig von der Autorität und von der eigenen Identifizierung mit diesen Gruppen gültig und anwendbar sein. Diese Phase lässt sich nach Kohlberg in eine fünfte und sechste Stufe unterteilen. Die fünfte benennt er dabei als Stufe der legalistischen oder Sozialvertrags-Orientierung, als Moral des Vertrags, der individuellen Rechte und des demokratisch anerkannten Gesetzes bzw. Rechtssystems. Das Motiv der (Be-)Achtung individueller Rechte und demokratisch anerkannter Gesetze ist gemäß dem Leitsatz `Entspreche den Regeln (Prinzipien), um die Achtung des unvoreingenommenen Zuschauers zu bewahren, der im Sinne des allgemeinen Wohlergehens urteilt´ vorherrschend. Recht beinhaltet dementsprechend sowohl demokratische und konstitutionelle Vereinbarungen als auch persönliche Werte und Meinungen. Gleichzeitig ist man sich bewusst, dass Gesetze geändert werden können und dass persönliche Meinungen eine gewisse Relativität besitzen. Die Übereinstimmung bzw. Konsens-Findung ist hier von großer Bedeutung. Auf der sechsten und höchsten Stufe – der Moral individueller Gewissensprinzipien – orientiert man sich dann schlussendlich an allgemeingültigen ethischen Prinzipien. Die Würde jedes Einzelnen soll gemäß den Prinzipien der Gerechtigkeit, Gegenseitigkeit

---

[14] Vgl. vor allem Kohlberg (1995): S.26ff. und Büttner (2000): S.52., sowie Lind (1987): S.27.

und Gleichheit der Menschenrechte geachtet und bewahrt werden. Dementsprechend umfasst moralisches Handeln Handlungen gemäß universeller Prinzipien der Gerechtigkeit, Vernunft und Logik; so kann Selbstverurteilung vermieden werden. Recht wird also durch die Gewissensentscheidung in Übereinstimmung mit selbst-gewählten ethischen Prinzipien definiert. Als ein Beispiel kann man hierbei den Kategorischen Imperativ Kants anführen: `Handle so, dass die Maxime deines Willens jederzeit zugleich als Prinzip einer allgemeinen Gesetzgebung gelten könnte´.[15]

3.3 Merkmale und Besonderheiten

Das Ziel moralischer Entwicklung ist nach Kohlberg insofern eine Moral der universellen Gerechtigkeit. Mit seinem Stufenmodell liegt hierbei ein Versuch der Begründung von Moralität, allerdings unter idealen sozialen Bedingungen vor, anhand derer er die Entwicklung jedes einzelnen festzulegen versuchte. Seine kulturvergleichende Forschung zeigte dabei auf, dass sich der Gerechtigkeitssinn in verschiedenen Kulturen etwa gleichartig mit dem Alter dahingehend entwickele, „daß die Bedürfnisse und Gefühle anderer Menschen zunehmend mehr Beachtung finden und komplexere Vorstellungen von Reziprozität und Gleichheit erkennbar werden"[16] und gleichzeitig unter anderem die Achtung vor der Autorität und vor den Regeln der Erwachsenengesellschaft unter Beachtung der Prinzipien Gleichheit, Gleichbehandlung und Eingehen auf menschliche Bedürfnisse verstärkt werden. Insofern weisen die Stufen Kohlbergs eine beständige Struktur auf, die einer konsistenten Entwicklung moralischen Urteilens der Individuen entspricht. Jedes Individuum muss die einzelnen Stufen durchlaufen, jeder in seinem Tempo. Des Weiteren bilden die Stufen eine „invariante Sequenz"[17]. Die Bewegung geht demnach immer vorwärts zur nächstfolgenden Stufe, nie rückwärts. Gleichzeitig kann keine Stufe übersprungen werden. Die Stufen ähneln insofern einer Leiter, bei der man jede Stufe besteigen bzw. erklimmen muss, um höher zu kommen. Das heißt aber nicht, dass man nur gemäß seinem derzeitigen Entwicklungsstand urteilen kann. Denken auf einer höheren Stufe schließt Denkelemente der niedrigeren Stufen mit ein, auch wenn man betonen muss, dass die Individuen die höchste verfügbare Stufe bevorzugen.[18]

---

[15] Vgl. vor allem Büttner (2000): S.52-53. und Kohlberg (1995): S.26ff., aber auch Lind (1987): S.27.
[16] Kohlberg (1995): S. 25-26.
[17] Büttner (2000): S.54., aber auch Kohlberg (1995): S.30.
[18] Büttner (2000): S.53.

Um ein Beispiel anzubringen, nehmen wir im Folgenden den Begriff Gerechtigkeit, der bei Kohlberg „im Kern Freiheit, Gleichheit und Gegenseitigkeit"[19] beinhaltet. Das Gerechtigkeitsverständnis wird auf jeder höheren moralischen Stufe neu definiert. Während das Individuum auf der ersten Stufe unter Gerechtigkeit die Bestrafung des Bösen nach dem Grundsatz: `Auge um Auge, Zahn um Zahn´ versteht, entwickelt sich das Verständnis auf der zweiten Stufe dahingehend weiter, dass man mit Gerechtigkeit den gleich-gewichtigen Austausch von Begünstigungen und Sachen assoziert. Auf den Stufen drei und vier hingegen meint sie die wunschgemäße Behandlung von Personen nach den Gesichtspunkten konventioneller Regeln, während auf Stufe fünf anerkannt wird, dass alle Regeln und Gesetze der Gerechtigkeit entspringen, d.h. dem Gesellschaftsvertrag zwischen dem Herrscher und den Beherrschten, der dazu bestimmt ist, die gleichen Rechte aller zu schützen. Individuen der sechsten und höchsten Stufe verbinden die persönlich gewählten Prinzipien mit den Prinzipien der Gerechtigkeit, Prinzipien, die jeder für sein eigenes gesellschaftliches System wählen würde. So wird z.B. die Todesstrafe nur auf den Stufen fünf und sechs strikt abgelehnt, da das Gerechtigkeitsverständnis hier Rache und Vergeltung ausschließt.[20]

So lässt sich nach Kohlberg jede Norm, Regel oder Kategorie in Stufen unterteilen. Ein weiteres von ihm häufig angebrachtes Beispiel ist `Der Wert menschlichen Lebens´. Hierbei sieht seine Stufentheorie so aus, dass Individuen der ersten Stufe das Leben nach Macht oder Reichtum der beteiligten Personen bewerten, während Individuen auf der zweiten Stufe das Leben nach dem Nutzen bewerten, ihre eigenen oder auch fremde Bedürfnisse befriedigen zu können. Auf Stufe drei wird das Leben dann im Hinblick auf die sozialen Beziehungen und deren Bewertung durch den Konfliktträger bewertet (hier spielen Empathie und Zuneigung durch andere eine maßgebliche Rolle), während auf Stufe vier der Wert menschlichen Lebens mit sozialen oder religiösen Rechtsgeboten in Beziehung gesetzt wird. Erst auf den Stufen fünf und sechs wird jedes menschliche Leben bedingungslos als wertvoll und heilig angesehen.[21]

Die Stufen repräsentieren insofern eine fortschreitende Differenzierung moralischer Werte und Urteile.[22] Moralische Urteile, so kann man sagen, sind „Urteile über das Gute und Rechte des Handelns"[23], wobei man hinzufügen muss, dass nicht alle Urteile über das Gute und Rechte moralische Urteile sind. Um moralischen Prinzipien folgen

---

[19] Vgl. Büttner (2000): S.59.
[20] Vgl. Büttner (2000): S.59.
[21] Kohlberg (1995): S.27-28.
[22] Vgl. Kohlberg (1995): S.28.
[23] Ebd.

zu können, muss man sie zuallererst einmal verstanden haben. Moralurteile sind dementsprechend „darauf gerichtet, eine allgemeingültige, umfassende, konsistente Form anzunehmen und sich auf objektive, unpersönliche oder ideelle Grundlagen abzustützen"[24].

Um die höchste Stufe des moralischen Urteilens erreichen zu können, ist nach Kohlberg die Entwicklung eines Selbst erforderlich.[25] Insofern setzt moralische Urteilsfähigkeit die Eigenaktivität des Subjekts voraus, d.h. ein aktives Lernen, Erleben und Aneignen der persönlichen Umwelt und damit einhergehend eine fortlaufende Erweiterung und gleichzeitige Differenzierung der sozialen Perspektive: von der Egozentrik hin zur Fähigkeit der wechselseitigen Rollenübernahme. Die Fähigkeit zur Rollenübernahme, d.h. zur Rekonstruktion einer Rollenübernahme spielt bei Kohlberg – wie bereits erwähnt – eine wesentliche Rolle. Sie entwickelt sich in Interaktionen, in dem Versuch, die Perspektiven, Rollen bzw. Einstellungen anderer zu übernehmen und so seine eigene Sichtweise erweitern zu können.[26] Die Rekonstruktion dient dazu, ein besseres Verhältnis zwischen den moralischen Strukturen des Kindes und den Strukturen sozialer und moralischer Situationen herzustellen, denen es sich gegenübersieht.[27]

Es kann also festgehalten werden, dass die moralische Entwicklung nach Kohlberg von verschiedenen Faktoren abhängig ist, die alle zusammenwirkend eine Entwicklung moralischen Urteilens und Handelns erst ermöglichen. So erfordert moralisches Handeln – „Handeln, das auf rationaler Erwägung möglicher Wirkungen auf andere beruht"[28] – neben einem fortschreitenden moralischen Denken und Urteilen z.B. eine fortschreitende Entwicklung logischen Denkens, Empathiefähigkeit, d.h. die Fähigkeit, die Reaktionen anderer auf die eigene Handlung vorauszusagen, Voraussicht, d.h. die Fähigkeit, langfristige Folgen der Handlung vorherzusehen, Beurteilungsvermögen, d.h. die Fähigkeit, Alternativen und Wahrscheinlichkeiten abzuwägen, und die Fähigkeit zum (Belohnungs-)Aufschub, d.h. die Fähigkeit dazu, auf eine sofortige Reaktion zu verzichten und eine entfernter liegende, aber größere Belohnung der unmittelbaren, aber geringeren Belohnung vorzuziehen.[29] Des Weiteren spielen nach Kohlberg auch die jeweilige Situation, die individuellen Einstellungen sowie die „Ich-Stärke"[30] des Einzelnen, die

---

[24] Kohlberg (1995): S.28-29.
[25] Vgl. Kohlberg (1995): S.32.
[26] Vgl. Kohlberg (1995): S. 21.
[27] Vgl. Büttner (2000): S.56.
[28] Kohlberg (1995): S.13.
[29] Vgl. Kohlberg (1995): S. 14.
[30] Ebd.

sowohl die eben bereits genannten Faktoren als auch die Fähigkeit zur Entscheidungs-findung, zur emotionalen Kontrolle und die Willenskraft mit einschließt, eine Rolle. Moralisches Urteilen und moralischen Handeln stehen insofern eng miteinander in Ver-bindung.[31] So ist moralisches Urteilen und Handeln nach Kohlberg z.b. auch von der jeweiligen Kultur und ihren Regeln abhängig.

Moral ist nach Kohlberg also „natürliches Produkt einer universalen menschlichen Ten-denz zu Empathie und Rollenübernahme"[32] und ebenso „Produkt eines universalen menschlichen Interesses an Gerechtigkeit, Wechselseitigkeit oder Gleichheit in den Beziehungen der Menschen untereinander"[33]. Das Konzept der moralischen Entwick-lung führt Werterziehung wieder auf das Moralische, auf die Gerechtigkeit zurück.[34] Moralentwicklung, so kann man angesichts des Stufenmodells Kohlenbergs sagen, zeichnet eine „fortschreitende Bewegung hin zu einer Verankerung des moralischen Urteils in Gerechtigkeitsbegriffen"[35] aus. Dementsprechend bedeutet eine moralische Pflicht auf ein Konzept der Gerechtigkeit zu stützen, diese Pflicht auf das Recht eines Individuums zurückzuführen.[36]

Die Moralstufen Kohlbergs sind letztlich als ein Resultat der Interaktion des Kindes mit anderen zu betrachten, wobei hier anzumerken ist, dass nicht allein der Einfluss elterli-cher Erziehung maßgeblich ist für die moralische Entwicklung. Diese stellt nur einen Teil der Welt bzw. der sozialen Ordnung dar, die das Kind wahrnimmt. „Das Kind kann die moralischen Werte seiner Eltern und seiner Kultur erst dann verinnerlichen und sich zu eigen machen, wenn es so weit ist, diese Werte mit einer sozialen Ordnung, die es verstanden hat, und mit seinen eigenen Zielen als einem sozialen Selbst in Beziehung zu setzen.[37] Dafür bedarf es zum einen der Rollenübernahme, der Fähigkeit, eine sozia-le Rolle in der Familie, der Schule oder in der Gesellschaft zu spielen (das Kind muss „implizit die Rolle von anderen der eigenen Person gegenüber oder gegenüber den an-deren in der Gruppe übernehmen"[38]). Zum anderen sind ein kognitiver bzw. intellektu-eller Fortschritt sowie eine soziale Partizipation, d.h. die Möglichkeit zur Teilhabe und zur Rollenübernahme in denjenigen Gruppen, zu denen das Kind gehört, erforderlich.[39]

---

[31] Kohlberg (1995): S.15.
[32] Büttner (2000): S.56.
[33] Ebd.
[34] Vgl. Büttner (2000): S.59.
[35] Kohlberg (1995): S.30.
[36] Vgl. Ebd.
[37] Kohlberg (1995): S.31-32.
[38] Kohlberg (1995): S.32.
[39] Vgl. Kohlberg (1995): S.33-34.

Die Identifikation – eine Sonderform der Rollenübernahme – ist dementsprechend als ein bedeutsamer Aspekt für die Moralentwicklung anzusehen, da affektive Beziehungen, d.h. positive und gefühlsbetonte Beziehungen zu anderen Menschen für die Ich-Entwicklung, die Rollenübernahme und die Anerkennung sozialer Maßstäbe generell wichtig sind, insbesondere deshalb, weil im Laufe der Entwicklung die Grundbedingungen des gesellschaftlichen Zusammenlebens verinnerlicht werden.[40]

4. Dilemmageschichten

Aber welche Rolle spielen dabei nun die Dilemmata, die Kohlberg in seinen Untersuchungen angewandt hat?

Ein Dilemma entspricht, so kann man sagen, einer Zwickmühle oder Konfliktsituation, in der zwischen zwei oder mehr `Übeln´ entschieden werden muss. Ursprünglich benutzte Kohlberg diese Geschichten, um das Urteilen der Befragten zu bewerten und in den entsprechenden Stufen einzuordnen. Später nutzte man diese Vorgehensweise, um die moralische Entwicklung des Einzelnen durch die Konfrontation mit Dilemmata zu fördern.

Bei seiner Untersuchung konfrontierte Kohlberg dabei in Interviews eine Reihe von Befragten mit diesen Dilemmata und erwartete von jedem Befragten eine Lösung zu finden und diese zu begründen. Die Antworten wertete Kohlberg dann aus und ordnete sie entsprechenden Stufen zu, wobei diese dann weiterhin ständig überprüft wurden. Um ein Beispiel zu nennen, führe ich hier das bekannteste Dilemma `Heinz´ an (die Geschichte befindet sich im Anhang), welches Kohlberg häufig, z.B. in seiner kulturvergleichenden Forschung, verwendet hat. Dabei stand die Frage im Vordergrund, ob eine teure Arznei gestohlen werden soll, um die eigene Frau vor dem Tode zu bewahren. Eine moralische Entscheidung im Sinne Kohlbergs meint dabei nun die Wahl zwischen zwei oder mehreren Wertbereichen in konkreten Konfliktsituationen. Dabei bringt die Stufe oder Struktur eines moralischen Urteils zum Ausdruck, was jemand in Bezug auf Problembereiche für wertvoller hält (z.B. Leben, Recht), d.h. wie er den Wert definiert und warum er gerade dies für wertvoller hält, d.h. welche Gründe er für die Entscheidung angibt.[41]

In Bezug auf das Heinz Dilemma kann man sagen, dass die Entscheidung (zu stehlen, nicht zu stehlen), die jemand trifft, den Inhalt des moralischen Urteils ausmacht. Sein

---

[40] Vgl. Kohlberg (1995): S.35-37.
[41] Vgl. Büttner (2000): S.56.

begründendes Nachdenken über die Entscheidung stellt die Struktur seines moralischen Urteils dar. Beim Fall Heinz muss der Befragte also abwägen, was ihm wichtiger ist, d.h. welche Wert er für relevant hält, und nach welchen Prinzipien er entscheidet. Solche Werte können z.b. sein: Strafe, Eigentum, Gefühl, Autorität, Recht, Leben, Freiheit, Ausgleichende Gerechtigkeit (Gleichheit), Wahrhaftigkeit oder auch Geschlechtlichkeit (Sexualität).[42]

Individuen auf der ersten Stufe würden vielleicht sagen, dass man in keinem Fall stehlen sollte, da das eine Strafe nach sich ziehen könnte, während jemand auf der zweiten Stufe danach fragt, ob Heinz seine Frau denn wirklich liebt. Denn sonst würde es sich nicht lohnen, da er keinen Gefallen von ihr erwarten könnte. Individuen auf der dritten Stufe wiederum würden das Stehlen nicht davon abhängig machen, ob Heinz seine Frau liebt oder nicht. Die Bereitschaft zu helfen steht im Vordergrund und man sollte auch dann stehlen, wenn es sich um einen Fremden handelt, außer das Stehlen würde den guten Eindruck in der Gemeinschaft gefährden. Individuen der vierten Stufe urteilen hingegen nach der Verantwortung, die man für andere übernehmen müsse. Gesetz, Recht und Ordnung stehen im Vordergrund und bestimmen die Entscheidung zu stehlen oder nicht zu stehlen. Auf den Stufen fünf und sechs steht das Leben unweigerlich im Vordergrund und das Recht auf Leben verdrängt dementsprechend das Recht auf Eigentum. Man sollte demnach abwägen, ob man das Medikament stiehlt oder nicht. Das Gesetz muss zweifelsfrei geachtet werden, da es die grundlegenden Rechte einzelner gegenüber anderen sichert, die diese übertreten. Trotzdem ist das Leben bedingungslos heilig und wertvoll.[43]

An diesem Beispiel kann man noch einmal deutlich die Muster und Denkstrukturen Kohlbergs gemäß seiner Theorie sehen, nach der jeder Mensch entsprechend seiner derzeitigen moralischen Entwicklung urteile und handele.

Wenngleich Lawrence Kohlberg seither arger Kritik ausgesetzt war und seine Theorie einige Mängel und verengte Sichtweisen aufweist (z.B. hat Kohlberg ausschließlich Jungen untersucht) ist sein „kognitiv-entwicklungstheoretischer Ansatz […] eine der bedeutendsten Theorien innerhalb der Moralpsychologie"[44] und hat seine Nachwelt im Sinne nachfolgender Forschungen demnach maßgeblich beeinflusst.

---

[42] Vgl. Büttner (2000): S.55.
[43] Moralische Entwicklung. Dilemmata. http://www.stangl-taller.at/ARBEITSBLAETTER/MORALISCHEENTWICKLUNG/KohlbergDilemmataHeinz.shtml.16.04.08.
[44] Vgl.: http://www.politischebildung.ch/grundlagen/methoden/entwicklung-des-moralischen-urteils/?details=1&cHash=0937929282. 16.04.08

13

5. Literatur- und Quellenverzeichnis

- Kohlberg, Lawrence: Die Psychologie der Moralentwicklung. Althof, Wolfgang (Hrsg.). Frankfurt/Main. Suhrkamp Verlag. 1995. S. 7-40.

- Büttner, Gerhard; Dieterich, Veit-Jakobus (Hrsg.): Die religiöse Entwicklung des Menschen. Ein Grundkurs. Stuttgart. Calwer Verlag. 2000. S. 50-66.

- Nunner- Winkler, Gertrud (Hrsg.): Zur Einführung: Die These von den zwei Moralen. In: Weibliche Moral. Die Kontroverse um eine geschlechtsspezifische Ethik. Frankfurt/Main. Campus Verlag. 1991. S.9-11.

- Lind, Georg; Raschert, Jürgen (Hrsg.): Moralische Urteilsfähigkeit. Eine Auseinandersetzung mit Lawrence Kohlberg über Moral, Erziehung und Demokratie. Weinheim, Basel. Beltz Verlag. 1987. S. 25-43.

- Brockhaus. Die Enzyklopädie in 24 Bänden. Bd.12; 20. Leipzig/ Mannheim.1997.

- Garz, Dieter: Lawrence Kohlberg zur Einführung. Hamburg. Junius Verlag. 1996.

- Oser, Fritz: Moralische Selbstbestimmung. Modelle der Entwicklung und Erziehung im Wertebereich. Stuttgart. Klett-Cotta. 1994.

- Lawrence Kohlberg – Die Theorie der Entwicklung des moralischen Urteils. http://www.politischebildung.ch/grundlagen/methoden/entwicklung-des-moralischen-urteils/?details=1&cHash=0937929282. 16.04.2008.

- Das Modell der moralischen Entwicklung nach Lawrence Kohlberg. http://arbeitsblaetter.stangl-taller.at/MORALISCHEENTWICKLUNG/Kohlbergmodell.shtml. 16.04.08.

- Moralische Entwicklung. Dilemmata.http://www.stangl-tal-ler.at/ARBEITSBLAETTER/MORALISCHEENTWICKLUNG/KohlbergDilemmata.shtml. 09.04.2005.

6. Anhang

Entwicklungsstufen des moralischen Urteils[45]

Niveau I – Prämoralisches Denken
Stufe 1: Orientierung an Strafe und Gehorsam: • Fremdbestimmte Moral, Egozentrismus, Vermeiden von Strafe • Lust-Schmerz-Orientierung • „Macht ist Recht"
Stufe 2: Naiver instrumenteller Hedonismus • Individualismus; Belohnung und Strafe • Kosten-Nutzen-Orientierung • „Eine Hand wäscht die andere"
Niveau II – Moral der konventionellen Rollenkonformität
Stufe 3: Moral des guten Kindes, das gute Beziehungen aufrechterhält • Interpersonelle Erwartungen; Beziehungen, Konformität mit anderen;, Anerkennung gewinnen • Braves-Kind-Orientierung • „Was du nicht willst, das man dir tu`, das füg auch keinem anderen zu"
Stufe 4: Moral der Aufrechterhaltung von Autorität • Soziales System, Gewissen, Regeln befolgen • Recht-und-Ordnung-Orientierung
Niveau III – Moral der selbst- akzeptierten moralischen Prinzipien
Stufe 5: Moral des Vertrags, der individuellen Rechte und des demokratisch anerkannten Gesetzes/ Rechtssystems • Sozialvertrag; Einsatz für die Gemeinschaft, • Gesetze sind nicht „absolut"
Stufe 6: Moral der individuellen Gewissensprinzipien • Universelle ethische Prinzipien • Vernunft, Moral, Gleichberechtigung aller Menschen

Beispiel: Dilemma: Heinz[46]

In einem fernen Land lag eine Frau, die an einer besonderen Krebsart erkrankt war, im Sterben. Es gab eine Medizin, von der die Ärzte glaubten, sie könne die Frau retten. Es handelte sich um eine besondere Form von Radium, die ein Apotheker in der gleichen

---

[45] Zusammengestellt von Christina Busch aus Büttner (2000), Kohlberg (1995), Lind (1987).
[46] Vgl. Büttner (2000): S.64-65.

Stadt erst kürzlich entdeckt hatte. Die Herstellung war teuer, doch der Apotheker verlangte zehnmal mehr dafür, als ihn die Produktion gekostet hatte. Er hatte 200 Dollar für das Radium bezahlt und verlangte 2000 Dollar für eine kleine Dosis des Medikaments.

Heinz, der Ehemann der kranken Frau, suchte alle seine Bekannten auf, um sich das Geld auszuleihen, und er bemühte sich auch um eine Unterstützung durch die Behörden. Doch er bekam nur 1000 Dollar zusammen, also die Hälfte des verlangten Preises. Er erzählte dem Apotheker, dass seine Frau im Sterben lag, und bat, ihm die Medizin billiger zu verkaufen bzw. ihn den Rest später bezahlen zu lassen. Doch der Apotheker sagte: „Nein, ich habe das Mittel entdeckt, und ich will damit viel Geld verdienen" – Heinz hat nun alle legalen Möglichkeiten erschöpft; er ist ganz verzweifelt und überlegt, ob er in die Apotheke einbrechen und das Medikament für seine Frau stehlen soll.

☆ Sollte Heinz das Medikament stehlen? – Warum oder warum nicht?

☆ Wenn Heinz seine Frau nicht liebt, sollte er dann das Medikament für sie stehlen? Bzw.: Bedeutet es einen Unterschied, ob Heinz seine Frau liebt oder nicht?

☆ Angenommen, die Person, die im Sterben liegt, ist nicht seine Frau, sondern ein Fremder. Sollte Heinz das Medikament für einen Fremden stehlen? – Warum oder warum nicht?

☆ Angenommen, es handelt sich um ein Haustier, das Heinz liebt. Sollte er das Medikament stehlen, um das Haustier zu retten? – Watrum oder warum nicht?

☆ Es ist gegen das Gesetz, wenn Heinz einbricht. Ist diese Handlungsweise deshalb moralisch falsch? – Warum oder warum nicht?

☆ Was wäre das Verantwortungsvollste, was Heinz tun könnte? – Warum?